Stéphane Sebban

Transformez vos pensées

Stéphane Sebban

Transformez vos pensées

Éditions Vie

Cover image: www.ingimage.com

Publisher:
Éditions Vie
is a trademark of
International Book Market Service Ltd., member of OmniScriptum Publishing Group
17 Meldrum Street, Beau Bassin 71504, Mauritius

Printed at: see last page
ISBN: 978-613-9-58870-1

Ce n'est pas parce que cela devient plus difficile que vous ne pouvez pas devenir plus fort

Alignez vos pensées et vos actes afin de vous réaliser pleinement

Parlez à vos doutes

Demandez-leur de vous quitter

Dites-leur que désormais vous vous envoyez de l'amour et qu'ils n'ont plus de raison d'être

Choisissons de donner un sens à ce qu'il s'est passé et de ne plus chercher une raison

Regardez le ciel illuminé d'étoiles
Concentrez-vous sur une étoile
Imaginez qu'elle descende vers vous et qu'elle vous enveloppe de tout son amour

Que la souffrance cesse
Seul l'amour doit subsister
Seul l'amour peut nous sauver

Soyez qui vous voulez être
Pas qui on vous demande d'être
Ni qui vous avez été

Vous n'avez pas de chance

Vous avez la force de croire en vos rêves

et le désir de vouloir les réaliser

Prenez une gomme

Effacez et écrivez autre chose

Je réalise la puissance d'un sentiment

Lorsqu'éloigné de la personne, mon cœur continue de battre tout aussi fort

Vos choix vous déterminent vous conditionnent

Faire un choix c'est changer sa vie

Arrêtez-vous un instant

Observez la personne que vous êtes devenue

Si cela vous plait félicitez vous

Si ce n'est pas le cas

Vous pouvez encore changer

Et puis soudain après tant d'hivers

Le printemps est apparu et m'a éclairé de toute sa beauté

Ébloui par sa splendeur je l'ai suivi là où lui seul sait me guider

Sur le chemin du bonheur

J'en ai vu des miracles sur cette terre

Mais le plus grand pour moi sera toujours la magnificence de tes yeux

Une personne qui vous aime qui se soucie de vous qui vous le prouve est un trésor

Faites ce que vous pouvez mais surtout

Faites ce que vous ne pouvez pas

La souffrance n'est jamais dans l'amour

Mais dans l'absence d'amour

Dans votre vie vous avez la possibilité d'écrire trois histoires :

La première, celle de votre passé est définitivement terminée

La deuxième, votre présent et vous en êtes l'auteur

La troisième histoire, votre avenir dépend uniquement de la façon dont vous allez créer la deuxième

Vous avez vécu et visité ce lieu de nombreuses fois

Il est temps de fermer les portes du passé pour laisser place au présent

Enracinez vous dans l'amour comme l'arbre s'enracine dans la terre
C'est comme cela qu'il fait face aux tempêtes de la vie qui tentent de le déstabiliser

J'ai juste le temps de te dire que je tiens fort à toi, que tu comptes pour moi
Le temps m'a permis de voir quelle personne magnifique tu es
J'ai juste le temps de te dire que je t'aime
Car après je n'aurai plus le temps

Je peux définir précisément ce qu'est la souffrance destructrice du manque :
Ne pas te voir, te toucher, t'entendre, sentir ta présence mais je ne peux expliquer aussi clairement l'indispensable espoir, ni le bonheur essentiel qui m'envahissent lorsque je suis avec toi

Et soudain j'ai apprécié l'éloquence du silence
J'ai posé mon regard sur toi et il a suffi d'un baiser , les étoiles nous accompagnaient
Je me suis laissé guider

Je voulais écrire ton nom dans le ciel mais il n'est pas assez grand pour contenir
L'immensité de ton amour

Pour faire face :
Équipez-vous dans une main de votre courage
Dans l'autre main, prenez de l'amour et dans les yeux placez votre foi

Mon ami le passé je te dis ô revoir

Je t'ai bien entendu, j'ai retenu tes leçons

Désormais tu peur partir, j'ai rendez-vous avec le présent. Je m'y consacre totalement car mon futur m'attend et il sera magnifique

Dans votre traversée du désert

Libérez-vous de votre passé

Soyez attentifs aux signes

Accueillez de nouvelles personnes qui vont vous aimer pour ce que vous êtes réellement et gardez en tête que vous méritez le meilleur

Vous n'êtes pas seulement et

Uniquement là aujourd'hui

Vous étiez là avant aussi

Et si c'était à refaire je referai mes mêmes erreurs

J'en referai même d'autres pour apprendre et encore apprendre, pour modifier, transformer mes émotions, mon comportement, pour changer mes actions et évoluer

Tendre la main et ouvrir le cœur afin d'aider,comprendre, écouter , aimer .
Une main pour faire la différence
Une simple main pour sauver une vie

Lorsque nous ne pouvons pas contrôler
Choisissons de lâcher prise

Le temps n'a plus aucune importance
Juste une minute passée avec toi
est une éternité d'amour

Quand la colère vous envahit, dirigez-vous vers l'amour, le pur , l'inconditionnel , l'indescriptible
Quand la tristesse vous submerge
Seul l'amour vous guérit

Les erreurs sont des paliers de progression sur l'échelle de la vie

O toi moi mon étoile
J'ai tellement cru en toi
que tu as fini par apparaître

Pour avancer commencez par

Douter de vos doutes

Aimez ceux qui vous donnent

Ceux qui vous soutiennent

Ceux qui croient en vous

Ceux qui vous aiment

Écartez ce qui vous ennuie

en apprenant la patience

Quand tu acceptes de partager ta souffrance avec moi tu en enlèves déjà la moitié

Concentrez vos pensées
sur ce qui vous fait du bien
sur ce qui vous motive
sur ce qui vous émeut

Remerciez pour ce que vous avez déjà
Remerciez pour les moments de bonheur pour l'amour la santé et la paix
Remerciez encore et encore

Votre valeur est inestimable

En une seconde le câlin a le pouvoir et la force de cicatriser les blessures du passé afin de réconforter l'âme

Donnez encore et encore sans retenue sans calcul sans condition sans rien attendre en retour

Vous pouvez prédire votre avenir
en prenant des décisions

Je me suis laissé transporter au pays de ta douceur

La peur fera en sorte que vous vous soumissiez que vous l'écoutiez afin de vous diriger
L'amour fera en sorte de vous aider de vous réconforter afin de vous libérer
Qu'allez-vous suivre ?

Aimez fortement Aimez délicatement
Aimez respectueusement Aimez passionnément
Aimez tendrement Aimez follement

Je suis tombé tu étais là

J'ai eu mal tu étais là

J'ai pleuré tu étais là

Je ne me relevais pas tu étais là

Grâce à toi maintenant Je suis encore là

Vous savez ce qui est bon pour vous lorsque, sans le savoir, vous arrêtez enfin de chercher

Explorez vos bas-fonds

Descendez en profondeur

La solution est en vous

Quand vous ne savez pas

Vous savez déjà

Lâchez ce et ceux qui ne vousrendent pas heureux

Lâchez Les personnes malveillantes

Lâchez cette emprise affective qui vous déstabilise

Lâchez prise

Gardez toujours la croyance que vous pouvez explorer une nouvelle direction de vie

Rien n'est figé.

Tout peut avancer et se libérer

Presque, vous y êtes presque

Continuez

Il y a tellement de vie en vous , d'envie de vivre

qui ne demandent qu'à émerger

Allez au bout de vos désirs

Savoir être là dans l'instant présent

En profiter pleinement et sereinement

Pour réussir

Commencez

Et allez au bout

On pense qu'être sensible c'est être faible
Mais c'est tout l'inverse, être sensible c'est oser se montrer à nu et il faut du courage pour cela

Je marche quand j'ai froid
Je marche quand j'ai peur, quand je veux lâcher prise. Je marche quand je doute. Je ne reste jamais au même endroit. J'avance et mes pensées avancent avec mes pas

Acceptez ce qui est, ce que vous ne pouvez pas changer. Lâcher prise n'est pas se résigner mais se libérer

Aujourd'hui n'est pas une journée comme une autre car aujourd'hui est une nouvelle journée

A un moment, j'ai failli hésiter entre l'âme en peine et l'âme en paix et j'ai choisi

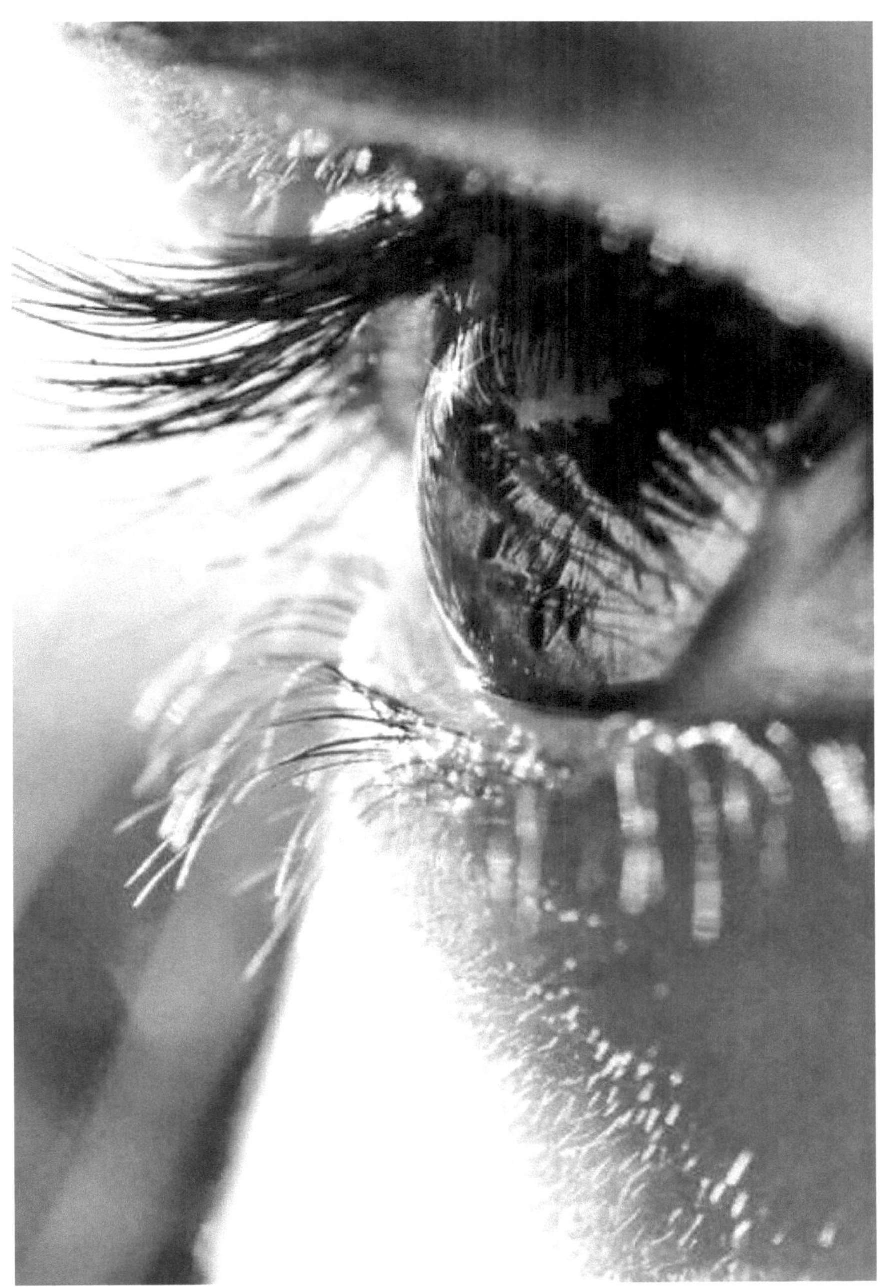

Je suis ... (suivi de votre prénom)

Et je m'accepte tel que je suis

Je suis ...

J'acquiers confiance en moi

en reconnaissant mes capacités

Je suis...

Lorsqu'une pensée de peur apparait je l'accueille

et la transforme en pensée d'amour

Je suis ...

J'ose regarder en moi et lorsque mes yeux se ferment

Je me redécouvre

Je suis ...

Je suis en bonne santé

C'est là mon grand trésor

Je suis ...

Je suis sensible

J'ai cette force qui me permet de comprendre ce que certains entendent

Je suis...

Je suis une nouvelle personne qu'hier

Je suis un nouveau moi chaque jour

Je suis ...

Je suis un alchimiste

Je transforme mes souffrances en bonté

Mes blessures en guérison

Je suis ...

J'accueille le silence qui me guide et m'apaise

Je suis ...

Je connais mes limitations

Je peux ainsi les dépasser

Je suis ...

Je suis profondeur comme l'océan

Immensité comme le ciel

Lumière comme le soleil

Je suis ...

Je suis digne d'être aimé

Je mérite l'amour

Je suis ...

Je suis mon jardinier

Je cultive la gratitude, lapaix, l'amour en moi

Je les magnifie

Je suis ...

Je laisse dormir le chagrin d'un sommeil éternel

Je me promets de ne plus jamais le réveiller

Je suis ...

Je cherche en moi ce dont j'ai besoin

La vérité se trouve à l'intérieur de moi

Je suis...

Je porte sur moi un regard nouveau

Je m'accueille avec bienveillance et amour

Je suis ...

Je suis l'Âme our

Je suis l'Âme hors

Je suis l'Âme

Je suis ...

Mon imagination est illimitée

Je peux créer dans ma réalité ce que j'imagine

Merci pour ce que j'ai

Pour qui je suis

Pour les amis qui m'entourent

Pour les difficultés que j'ai surmontées

Pour l'amour de mes proches

Pour cette santé plus forte que la maladie

Merci pour les rencontres

Merci pour l'abondance

Merci encore et encore

Namasté

Je suis ...

J'accueille le vide en moi

Celui qui me comble de tout

La question est de savoir ce que maintenant vous

pensez mériter

Alors méritez-vous le meilleur ou pas ?

D'accord cela n'a pas fonctionné hier

Et aujourd'hui non plus

Mais cela ne signifie pas

que cela ne marchera pas demain

Jen'ai jamais trouvé de diamants sur cette terre ni de lingots d'or mais j'ai trouvé mon plus beau trésor : toi

Tu es le miracle que j'attendais

Il n'y a pas de temps
Il n'y a plus d'instant
Il n'y a avec toi que l'éternité

J'ai maintes fois combattu

J'ai beaucoup perdu

J'ai parfois vaincu

Mais lorsque je t'ai rencontré

J'ai tout gagné

Je t'ai reconnu

Tu es enfin là

Tu n'es pas moitié

Tu es mon tout

Ce n'est pas d'être joyeux qui vous rend optimiste
C'est d'être optimiste qui vous rend joyeux

Plus vous doutez moins vous agissez
Plus vous agissez moins vous doutez

La passion vous mènera là
où la motivation s'arrêtera

Il se fatiguera alors il s'arrêtera pour se reposer
non pour abandonner

Avancez, continuez d'avancer

Et si vous vous retournez, c'est uniquement pour voir tout le chemin que vous avez déjà parcouru

Perdre chuter tomber échouer signifie que vous avez obtenu un résultat

Recommencer oser modifier changer signifie que vous pouvez obtenir un autre résultat

Prenez le chemin qui mène à une saine estime de soi, au respect de vos valeurs et

à l' accomplissement de vos rêves

Vous changez lorsque votre désir

est plus puissant que votre peur

Elle sait qu'elle a une distance à parcourir

Elle réconforte la partie en elle qui doute

Et elle avance pas à pas

Vous n'avez rien à prouver à quiconque sauf

à vous-même

J'ai porté toutes mes peines et un jour j'ai décidé

qu'il était temps de les laisser s'envoler

Les ombres du passé sont désormais derrière vous
Le soleil vous guide par sa lumière

Là précisément en cet instant
Tout se passe en silenceen conscience
Respirez et accueillez vos sensations
Sans jugement et avec bienveillance

Lâchez prise
Laissez tomber le poids du passé pour vous élever

Il observe et réalise qu'il est libre

Il s'envole

Il déploie ses ailes

Il ne se demande pas s'il est prêt

Il ose

Vous ne pouvez pas recommencer un passé révolu mais vous pouvez changer dès maintenant un présent qui vous appartient

Vous pouvez créer votre vie comme on peint une toile avec inspiration passion et relief

Indescriptible Incomparable Sublime

Comme toi

Peindre c'est exprimer l'indicible

Voir l'invisible

Vous ne vous êtes pas trompé de route

Vous avez cherché votre direction de vie

La lumière qui éclaire votre chemin

C'est l'énergie que vous mettez dans chaque instant de votre vie

Arrêter de penser est impossible
Accueillir le silence est possible

Pensez et agissez uniquement
en direction de votre bonheur

En dépit des blessures et ce malgré les souffrances
Votre désir de vivre aura été le plus fort
C'est pourquoi vous êtes toujours là

Face au scepticisme ambiant
Il ne vous reste plus qu'à croire en vous

Vous allez cesser de vous tromper

Quand vous arrêterez de croire vos peurs

Il me manque ta voix ta présence tes yeux

Mais dans mon cœur tu es là

Il ne me manque rien

Il y a ces obstacles surmontés

Ce chemin parcouru

Ces défis auxquels vous avez dû faire face

Souvenez vous de cela le jour où le doute surgira

Le soleil m'a demandé le secret de mon bonheur

Je lui ai dit que je t'avais enfin trouvé

Chaque jour il est bon de se donner

de la douceur , de la beauté , de la candeur ,

de la délicatesse

la personne que vous décidez d'être aujourd'hui

est plus importante que celle que vous avez été

Ce que vous décidez de faire aujourd'hui est plus

important que ce que vous avez fait hier

Je laisse circuler l'espoir, la joie, la paix dans chacune de mes cellules

J'ai la conviction que mes possibilités sont infinies

La réussite ne correspond pas pour moi à un objectif atteint mais au fait de m'être relevé à chaque fois que je suis tombé

Quand la douleur vous frappe

Quand la souffrance vous affaiblit

Souvenez-vous que vous n'êtes pas seul

Une oreille vous prête attention

Un regard bienveillant se pose sur vous malgré vos doutes, vos réticences.

Il y a quelqu'un

Quelqu'un pour vous aider, vous tendre la main, pour vous dire que vous êtes vivant

Et pour redonner à votre âme magnifique

Toute la place qu'elle mérite

Vous sortez de l'obscurité quand vous percevez

La lumière en vous

L'optimisme n'est pas un moyen de nier la réalité mais de croire en cette réalité

Soyez si bienveillant avec vous -même que vous ne pourrez plus faire autrement que de vous aimer

La puissance de notre amitié n'a aucun égal

A toi mon frère, mon oreille, mon épaule,

Monsoutien, ma force

Le sang qui coule dans les veines de notre relation n'arrêtera jamais de couler car c'est l'énergie de la vie. Tu es si proche même éloigné

Rien ne change vraiment

Mais si vous changez votre manière de voir la vie

Alors tout changera

L'espoir accompagne délicatement votre cœur

Chaque jour, il vous guide et vous murmure de toujours continuer à croire

Bien sûr, vous ne pouvez pas modifier votre passé mais vous pouvez l'accepter

Et dans ce présent, vous pouvez prendre des décisions qui vont construire votre avenir

Aimez et soyez aimé pleinement

Le reste a si peu d'importance

Vous pensiez être faible, fragile, vulnérable ?
Alors regardez les obstacles que vous avez déjà surmonté et le chemin que vous avez parcouru

Et un jour, en une seule seconde, la lumière va éclairer votre ciel si souvent obscurci,
La lumière de l'amour

Quand en toi le calme règnera
Le côté lumineux de la force tu trouveras

Posez la main sur votre cœur

Fermez les yeux

Respirez

Appréciez ce moment

Vous êtes vivant

La patience parle et dit à peu près ceci :

Attendez-je vous réserve quelque chose de plus grand, de plus beau, de plus intense

Pas une seule seconde sans penser à toi

Pas une seule minute sans t'imaginer

Pas une seule heure sans le manque de toi

Pas un seul jour sans t'attendre

Pas une seule nuit sans te rêver

Pas une vie sans toi

Captivé par ton esprit

Charmé par ton corps

Emporté par ton âme

Suivez votre cœur avec confiance

C'est votre meilleur GPS

Toi, qui ne croyais plus en toi

Regarde ce que tu as fait

Tu m'as guéri

J'ai cru mourir plusieurs fois

Mais depuis toi je me suis vu renaitre

Imaginez la peur comme un morceau de glace
Et l'amour comme un soleil
Quand vous avez peur, posez le soleil sur la glace
et laissez fondre

Un bien matériel n'aura jamais la valeur d'une
main tendue dans un moment de souffrance
Ni d'un baiser passionné amoureux
Ni d'une parole de réconfort lors d'une période
d'égarement
Ni d'un regard empreint de compassion

Je sais pourquoi tes paroles sont si belles et ton sourire si radieux car à l'intérieur de toi il y a un monde fait d'amour, de compassion et de bienveillance

Regardez le ciel illuminé d'étoiles et concentrez-vous sur une étoile

Imaginez qu'elle descende vers vous et qu'elle vous enveloppe de tout son amour

Et si un jour, je peux te faire voyager en moi,

Je t'enverrai directement dans mon cœur et tu verras qu'il ne bat que pour toi

C'est avec beaucoup de plaisir que j'achève ce premier ouvrage

Merci à toutes et à tous

Stéphane SEBBAN

Printed by Books on Demand GmbH, Norderstedt / Germany